I0181190

www.ingramcontent.com/pod-product-compliance
Lightning Source LLC
LaVergne TN
LVHW041309080426
835510LV00009B/925
* 9 7 8 1 9 9 7 5 0 3 0 4 0 *

انتشارات آسمانا

بغلم کن لعنتی، بغلم کن

درنای سیبری، برداشتِ دوم

نمایش‌نامه

علی فومنی

نشر آسمانا، تورنتو، کانادا
۲۰۲۵/۱٤۰٤

بغلم کن لعنتی، بغلم کن (درنای سیبری، برداشتِ دوم)
نویسنده: علی فومنی
ناشر: آسمانا، تورنتو، کانادا
طرح جلد: مهسا ملک
صفحه‌آرا: آتلیه نشر آسمانا
نوبت چاپ: اول ۱۴۰۴/۲۰۲۵
شماره آی‌اس‌بی‌ان: ۹۷۸۱۹۹۷۵۰۳۰۴۰

حق چاپ برای ناشر محفوظ است.

بغلم کن لعنتی، بغلم کن

درنای سیبری، برداشتِ دوم

نمایش‌نامه

علی فومنی

درنای سیبری یکی از گونه‌های در معرض انقراض درناهاست که سه جمعیت اصلی دارد:
جمعیت مرکزی که مقصد سفرشان هند بود و منقرض شدند، جمعیت شرقی که هرسال به چین می‌روند و جمعیت غربی که به ایران می‌آمدند.
«امید»، آخرین بازمانده‌ی جمعیت غربیِ درناهای سیبری، پس از کشته شدنِ جفتش «آرزو»، پانزده سالِ پیاپی تنها به ایران سفر کرد.
پانزدهمین سفر **امید** به ایران در پاییز ۱۴۰۱ بود.
در این سال، برای اینکه امید را از تنهایی دربیاورند، درنایی پرورشی را از بلژیک به ایران آوردند تا در تالاب فریدونکنار با امید دوست شود و نامش را «رویا» گذاشتند. امید و رویا که رابطه‌ی خوبی با هم برقرار کرده بودند، ۳۴ روز را کنار هم گذراندند و در زمستان همان سال سفر دونفره‌شان را به سیبری آغاز کردند. اما رویا که تمام عمرش را در یک مرکز نگهداری در بلژیک به اسارت گذرانده بود و عادت به پروازهای طولانی نداشت، نتوانست بیشتر از ۱۵۰ کیلومتر با امید همراهی کند. امید رفت و رویا در مازندران، حوالیِ شهسوار، فرود آمد....
در پاییز ۱۴۰۲ **امید** به ایران نیامد.
در پاییز ۱۴۰۳ **امید** به ایران نیامد.
در پاییز ۱۴۰۴ **امید**...

علی فومنی

۱

تالاب

گلین و اسفندیار، روی پل چوبی.

اسفندیار	روی پل چوبی که پا می‌ذاری، بارون می‌گیره. باد توی نیزارای اطراف می‌پیچه. چندتا گنجشکِ خیس بال می‌زنن و دور می‌شن...
گلین	کسی نمی‌دونه اینجام. از خاکسپاری که برگشتیم خونه، نفسم بالا نمی‌اومد. تحمل رفت‌وآمدا و گریه‌زاریای فامیل رو نداشتم. زدم بیرون و دوییدم اینجا؛ فقط دوییدم.
اسفندیار	بهتر!... کدومشون حال ما رو می‌فهمن؟
گلین	ما!؟... دست وردار اسفندیار. حالا دیگه تو زیرِ خاکی. هرچی تنها بودم، تنهاتر شدم. بیزارم از این تالاب، از این نهالا و بوته‌ها، از نیزار، از نیلوفرای آبی و سنجاقکای قرمز...

اسفندیار زنگوله‌بال، سبزقبا، آبچلیک،... می دیل تِرِه تنگه[1]!

گلین چند دقیقه پیش که از علفزار رد می‌شدم، دیدم باد نوارای زردی رو که دور صحنه‌ی قتل کشیده بودن، انداخته روی شاخه‌ی درختا...

اسفندیار بالابان، طُرقه، چَکچَک،... می دیل تِرِه تنگه!

گلین همون‌جا نشستم و با دوربینت نگاهی به تالاب انداختم...

اسفندیار سَسَک، تورنگ، تُرُمتای،... می دیل تِرِه تنگه!

گلین دو تا درنا روی آب بودن و من سعی می‌کردم از چشم تو به‌شون نگاه کنم؛ از چشم یه محیط‌بان مُرده توی هوای شکارممنوع!

اسفندیار [با دوربین خیالی به تالاب نگاه می‌کند.] می‌بینی گلین جان؟ از اون‌همه درنا، از اون هفت بزرگ مورّب توی آسمون تالاب، از اون‌همه پای سرخ و چشمِ روشن، از اون‌همه بال بزرگ و آواز نرم، فقط همین دو تا مونده‌ن: امید و آرزو!

---

[1]. ابراز دلتنگی است به گیلکی. این‌جا با تأکید بر تِرِه/برای تو، یعنی دلم برای **تو** تنگ شده/من دلتنگِ دیدنِ **تو** هستم، نه آن پرنده‌ها، نه آن تالاب

گلین   به شکارچیایی که درناها رو نشونه رفته‌ن فکر می‌کنم، به شامه‌ی تیز تو و اسلحه‌ی همیشه‌خالی‌ت. اون روز بین‌تون چی گذشت؟ کی زده‌ت؟ چرا از اون فاصله‌ی نزدیک به‌ت شلیک کرده‌ن؟

اسفندیار   [سعی می‌کند به‌خاطر بیاورد.] چند نفر بوده‌ن؟!...

گلین   نه توی پزشکی قانونی، نه توی کلانتری، هیچ اسمی به‌مون ندادن.

اسفندیار   اینجا شکارچی نداره گلین، خودشون خوب می‌دونن تپه‌های اطراف تالاب قُرُقِ کیاست.

گلین   کیا؟... کی‌ان اونا؟... نامه‌ی محیط‌بانی رو توی جیبت پیدا کردم. هنوز مُهر حکم انتقالت خشک نشده. اصلاً چرا می‌خواستن از اینجا منتقلت کنن؟... اینا رو توی کلانتری هم گفتم. چرا می‌خواستن از تالاب دورت کنن؟... توی خاک‌سپاری همه‌ش به اون غریبه‌ها، به آدمای ناشناسی که دورتر وایستاده بودن نگاه می‌کردم و دنبال قاتلت می‌گشتم. چرا حرف نمی‌زنی؟... اونا کی‌ان اسفندیار؟

بغلم کن لعنتی، بغلم کن

اسفندیار   داری به آخرای پل چوبی می‌رسی؛ دیگه چیزی به دریا نمونده.

گلین   پام نمی‌کشه برگردم خونه. دوست دارم همین‌طور برم جلو، برم توی آب، غرق شم. برسم بهت و ازت بپرسم چی به سرت اومد؟ چرا زدنت؟ کی خونت رو ریخت؟ ازت بپرسم حالا من باید چی‌کار کنم؟ به اینی که تو شکممه چی بگم؟ به نهالا و بوته‌های اینجا، به نیزار، به نیلوفرای آبی و سنجاقکای قرمز، به مهمونای بال‌داری که از سفرهای چندهزار مایلی می‌آن، به مهمونایی که گوش‌تاگوش توی خونه نشسته‌ن،... چی بگم اسفندیار؟... بگو!

۲

مدرسه

ماهور در حال جمع کردن کاردستی بچه‌ها و مرتب کردن کلاس است. نهال وارد می‌شود.

ماهور	بچه‌ها رو تحویل دادین؟
نهال	آره، همه‌رو جز...؟
ماهور	توکا؟
نهال	توکا!... این داییه هم معرکه‌ست. از یه ماه پیش که سروکله‌ش پیدا شده، یه‌بار هم سر وقت نیومده دنبال این بچه.
ماهور	کجاست؟
نهال	چه می‌دونم، طبق معمول نیم‌ساعت پیش زنگ زد گفت توی ترافیک مونده.
ماهور	داییه رو نمی‌گم، توکا کجاست؟
نهال	موند توی پارک یه‌کم بازی کنه. نفیسه بَرِش می‌گردونه مدرسه.

ماهور خودِ نفیسه رو کی برمی‌گردونه؟!

نهال ماهور جون مادرت شروع نکن. آخه چه هیزم تری به‌ت فروخته این دختر؟

ماهور از وقتی بچه‌ها رو بردین پارک دارم گندای ایشون رو جمع می‌کنم. نقاشیای بچه‌ها رو چپونده بود توی سطلِ لگوها؛ اون از گم کردن قیچیا، اینم از پاسپارتو کردنش، تحویل بگیر، دارن وامی‌رن!

نهال کارآموزه خب. روزای اولِ خودت رو یادت رفته؟

ماهور من جون می‌کندم کارم رو درست انجام بدم.

نهال شنیده‌م چه جونی کندن معلمای دیگه تا انگشتات رو که به کاردستی چسبیده بود نجات بِدَن.

ماهور از نهال رو برمی‌گرداند. نهال نزدیکش می‌شود و قلقلکش می‌دهد.

ماهور نکن!.... [با خنده‌ای غیرارادی] بس کن نهال!

نهال [دست ماهور را می‌گیرد.] قربونش برم که تابستونا با یه من عسل هم نمی‌شه خوردش.

ماهور [دست نهال را رها می‌کند. کنار پنجره می‌رود و به حیاطِ مدرسه خیره می‌شود.] می‌بینی؟... فقط چندتا کلاغ که

علی فومنی

دوروبر آبخوری می‌پلکن!... انگارنه‌انگار این همون حیاط هفته‌ی پیشه با اون‌همه بروبیا و سروصدا.

نهال   هرسال همینه. بچه‌ها می‌رن، ما می‌مونیم و حسرت و... کلاسای نصفه‌نیمه!

ماهور   خوبه تو همین کلاسای نصفه‌نیمه رو با پیش‌دبستانیا داری، مثل من ول‌معطل نیستی تا اولِ مهر. صبح که با بچه‌ها دیدمت یه برقی توی چشمات بود، به‌ت حسودیم شد.

نهال   خب چرا چسبیدی به کلاس اول؟ اگه مربی پیش‌دبستانیا بودی امروز به‌م حسودی‌ت نمی‌شد.

ماهور   سروکله زدن با کلاس‌اولی‌ها رو با همه‌ی سختیاش دوست دارم؛ همین که هنوز خوندن‌نوشتن بلد نیستن، دستِ مدرسه رو سفت نچسبیده‌ن،... نمی‌دونم، یه چیزی توی کلاس اول هست که قبل و بعدش نیست.

صدای زنگ موبایل نهال...

نهال دنبال موبایلش می‌گردد و پیدایش نمی‌کند. گوش تیز می‌کند و دنبال صدا به اتاقِ دیگری می‌رود....

نهال، رنگ‌پریده و با قدم‌هایی سست به اتاق برمی‌گردد. به نقطه‌ی نامعلومی خیره مانده است و موبایل از دستش می‌افتد.

ماهور [سراسیمه به‌سوی نهال می‌رود و زیر بغلش را می‌گیرد.] چی شده؟

نهال، ساکت، خیره به روبه‌رو...

ماهور کی بود زنگ زد؟

نهال [هراسان] نفیسه...

ماهور چی می‌گه؟... حرف بزن!

نهال [میخکوب] توکا... [با صدای لرزان] گم شده.

ماهور، نهال را که در حال افتادن است روی صندلی می‌نشاند و لیوان آبی دستش می‌دهد. نهال چیزهایی می‌گوید که ماهور نمی‌شنود.

ماهور، غرق در خیالی دور...

صدای ماهور یادِ گم شدنِ برادرم می‌افتم. جاوید هفت سالش بود. نزدیکای عید، رفته بودیم بازار رضا. مامان داشت با یه فروشنده چونه می‌زد. من و جاوید جلوی بساط ماهی‌قرمز بودیم. نفهمیدم کِی دستش از دستم ول شد. تا به خودم اومدم نبود...

صدای زنگ موبایل نهال...

نهال [مضطرب، موبایل را به ماهور می‌دهد.] داییِ توکاست!...

ماهور موبایل را از دستش می‌گیرد و جواب می‌دهد.

ماهور سلام، شما کجا هستین؟... توی حیاط؟... [از پشت پنجره نگاهی به حیاط می‌اندازد.] بله بله، دیدمتون.

مواجهه‌ی درون: ماهور و سامان (داییِ توکا)

گفت‌وشنودِ دو جان به زبانِ نگاه...

صدای سامان کنار آبخوری وایستادم که می‌آی.

صدای ماهور کنارِ آبخوری وایستادی که می‌آم.

صدای سامان بدنت مثل یه گدازه‌ی معطر از روی پله‌ها روون می‌شه توی حیاط.

صدای ماهور عینکت رو برمی‌داری: چه چشمایی!... چه جزیره‌های داغِ حریصی!

صدای سامان اگه توکا رو به اون زودی پیداش نمی‌کردن و برنمی‌گردوندن مدرسه، می‌شد همون‌جا با اون گدازه‌ی معطر خوابید و ذوب شد.

صدای ماهور اگه توکا رو به اون زودی پیداش نمی‌کردن و برنمی‌گردوندن مدرسه، می‌شد همون‌جا توی اون جزیره‌های داغ خوابید و تبخیر شد.

۳

سالن تئاتر

پشت صحنه. رامش روبه‌روی آینه نشسته و گیلدا او را گریم می‌کند.

رامش: بازی همزمان نقش یه مادر و دختر، اون هم تو صحنه‌هایی که هر دوشون حضور دارن، تجربه‌ی عجیبیه!

گیلدا: عجیبه یا سخته؟

رامش: سخت عجیبه!... از وقتی دارم مادام رانِوْسکی[۲] رو هم بازی می‌کنم، حالِ آنیا[۳] رو بهتر می‌فهمم.

گیلدا: [کنایه‌آمیز] یعنی قبلاً نمی‌فهمیدی؟

رامش: نه این‌قدر؛... حالا وقتی آنیا می‌شم و می‌گم **ماه داره بالا می‌آد**[٤] یا وقتی می‌گم **مادر، زندگی تازه‌ای داره شروع می‌شه**، اینا رو با یه حس دیگه‌ای می‌گم.

---

[2] . Madame Lyubov Andreievna Ranevskaya

[3] . Anya

[٤] . بریده‌هایی از باغ آلبالوی چخوف در برگردان دانشور که در قالب واگویه‌هایی برساخته و هم‌ساز با این شخصیت‌ها احضار شده‌اند.

بغلم کن لعنتی، بغلم کن

انگار توی چندماه گذشته که من فقط آنیا رو بازی می‌کردم و تو مادره بودی...

گیلدا بودم؟!

رامش همین. همینش عجیبه. می‌گم بودی اما یه‌جوری می‌گم انگار هنوز هم هستی؛ انگار الآن این‌جایی!

گیلدا [از زبانِ مادام رانوْسکی... اغراق‌آمیز] **آیا این واقعاً منم که این‌جا نشسته‌ام؟** [می‌خندد.] **دلم می‌خواهد به هوا بجهم و بازوهایم را تکان بدهم** [صورتش را با دست‌هایش می‌پوشاند.] **شاید خواب می‌بینم!...**

رامش [کلافه] گیلدا می‌شه آروم بگیری!

گیلدا [از زبانِ مادام رانوْسکی... اغراق‌آمیزتر] **نمی‌توانم آرام بنشینم، نمی‌توانم.** [از جا می‌جهد و با اضطراب راه می‌رود.] **از خوشحالی نزدیک است بمیرم. به من بخندید. چقدر لوسم من...**

رامش می‌بینی؟ خودِ خودِ مادره‌ای تو!... من بین این مادر و دختر گیر افتادم گیلدا.

گیلدا [از زبانِ مادام رانوْسکی] **نترس دختر کوچولوی من!... تو به‌جای من به پاریس می‌روی و می‌درخشی.**

رامش	از وقتی تو نیستی هرچی می‌گم نصفه‌ست. می‌گم **ماه داره بالا می‌آد** و می‌بینم ماه هم نصفه‌ست، باورت می‌شه؟

گیلدا	ماه، ماهه؛ نصف هم بشه کم نمی‌شه ازش.

رامش	ولی تو که مادام رانِوْسکی بودی ماه پرده‌ی دوم کامل بود. شب اون‌قدر روشن بود که می‌شد دونه‌به‌دونه نُت‌های گیتار یه‌پیخودوف[5] رو دید؛ اون‌قدر که اگه با تروفیموف[6] نمی‌رفتم کنارِ رودخونه، حتماً واریا[7] توی باغ پیدامون می‌کرد.

گیلدا	[شیطنت‌آمیز] با تروفیموف یا... با سامی؟ [از زبانِ سامی/تروفیموف] **تمام کانادا باغ ماست رامش. کانادا وسیع و زیباست. هزاران جای زیبا در آن هست. خوب فکر کن رامش،... آیا نمی‌بینی که از هر آلبالویی در باغ، از هر برگی، از هر کنده‌ی درختی، موجودات بشری به تو نگاه می‌کنند؟ آیا صدای آن‌ها را نمی‌شنوی؟**

رامش	دروغ چرا!... توی این مدت که منتظر ویزای فرانسه‌ایم، انتظار من از زمین تا آسمون با بقیه فرق

---

[5] . Yepikhodov
[6] . Peter Trofimov
[7] . Varya

داشته. ذوق اجرای باغ آلبالو توی پاریس کجا و شوق دیدن سامی توی خود باغ آلبالو کجا!...

صدای زنگ پیامک موبایل رامش...

گیلدا یادت نداده‌ن گوشی‌ت رو قبلِ اجرا خاموش کنی؟

رامش [در حالِ خواندنِ پیامک] حدس بزن کیه؟

گیلدا سامی؟!... چه حلال‌زاده!... بیداره؟!... به وقتِ مونترال می‌شه چهار صبح.

رامش [در حالِ جواب دادن به پیامک سامی] اون‌قدر که سامی پیگیر اومدن ویزای گروه بوده، خودمون نبودیم.

گیلدا به‌ش بگو بخوابه. ویزاتون رو می‌دن، چرا نباید بِدَن؟

رامش [به گیلدا] طفلک پروازش رو از الآن رزرو کرده. از وقتی کار به اجرای پاریس دعوت شده، به‌جای تروفیموف با سامی حرف می‌زنم و همه‌ی دیالوگای تروفیموف رو با صدای سامی می‌شنوم...

چی‌کارم کردی سامی؟ چه وردی برام خوندی که دیگه مثل اون‌وقتا باغ آلبالو رو دوست ندارم؟ چقدر برام عزیز بودا... به نظرم می‌اومد که هیچ‌جا روی زمین به قشنگی باغ آلبالوی ما نیست.

صدای سامی **این باغ وحشتناکه رامش. شبا که توش راه می‌ری، پوست پیر درختا توی تاریکی برق می‌زنه. درختای آلبالو خواب این نیم‌قرن رو می‌بینن و ارواح تاریک توی باغ حلول می‌کنن. ما عقب‌مونده‌ایم، ما کم‌کم نیم‌قرن عقب افتادیم و هنوز چیزی به‌دست نیاوردیم. اگه می‌خوای توی حال زندگی کنی باید گذشته رو ببوسی و بذاری کنار... باغ آلبالو رو رها کن رامش! اگه کلیدای صندوق‌خونه دستته، بندازشون توی چاهک و برو، مثل باد آزاد شو!**

رامش [به گیلدا] اما وقتی مادام رانوْسکی می‌شم، همه‌چی محو می‌شه، دود می‌شه، از بین می‌ره. قیافه‌ی تو می‌آد جلوی چشمم. چی می‌شد تو ممنوع‌الخروج نبودی، باهامون می‌اومدی و با مادام رانوْسکی تنهام نمی‌ذاشتی؟ چی می‌شد من فقط آنیا می‌بودم؟...

گیلدا ولی ماه، ماهه؛ نصف هم بشه کم نمی‌شه ازش. نترس. چشمات رو ببند. برو آخرای پرده‌ی دوم. سامی رو توی لباس تروفیموف ببین که به ماه نگاه می‌کنه و می‌گه:

صدای سامی **خوشبختی اینجاست رامش. اون روز نزدیک و نزدیک‌تر می‌شه. من حتی صدای پاش رو می‌شنوم.**

بغلم کن لعنتی، بغلم کن

رامش   و من توی لباس آنیا نزدیکش می‌شم. عَرَق از لای سینه‌هام روون می‌شه و می‌شینه توی گودی نافم؛ دهنم رو اون‌قدر به گردنش نزدیک می‌کنم که هُرمِ نفس‌هام وجودش رو مرتعش کنه و آهسته توی گوشش می‌گم: **بریم کنار رودخونه؟... اون‌جا بهتره.**

٤

استودیوی عکاسی

جاوید، رو به دوربین آرزو، به بدنش فرم می‌دهد و فیگورهای پی‌درپی می‌گیرد.

آرزو — این خوبه!

جاوید فیگور آخرش را حفظ می‌کند و بی‌حرکت می‌مانَد.

آرزو — [در حال عکس گرفتن از جاوید] شونه‌هات رو بده عقب!

جاوید — [فیگور را به شکل دلخواه خودش تغییر می‌دهد.] چطوره؟... حس غافلگیری و درگیری رو با هم داره: دست‌ها توی حالت محافظت، بدن آماده‌ی فرار...

آرزو — نه!... زاویه‌ی بدن باید به سمت عقب باشه. نور به عقب هُلت می‌ده، نه جلو. اگه به جلو خم بشی انگار داری نور رو می‌پذیری.

جاوید — اگه بدن به جلو خم بشه، مقاومت رو منتقل می‌کنه. تو داری بیش از حد منفعلش می‌کنی!

آرزو — و تو بیش از حد فعالش نمی‌کنی؟!... یعنی اون شب، اون‌جا، ما نترسیدیم؟ مأمورا رو که بالای سرمون دیدیم نشاشیدیم به خودمون؟!... اون نورِ لعنتی رو که انداختن توی چشم‌مون طوری یکّه خوردیم که بطریای آبجو از دستمون افتاد!

جاوید — از نور چراغ‌قوه‌شون نبود که یکّه خوردیم. [ناگهان به طرف آرزو خیز برمی‌دارد... جدی، خشن و هول‌انگیز] «دارین چه گُهی می‌خورین؟!»... [آرزو وحشت‌زده بر زمین می‌افتد. جاوید با لحنی آرام ادامه می‌دهد.] این رو که شنیدیم بطری از دست‌مون افتاد.

آرزو — [در همان وضعیت و با اشاره به حالت بدنی خودش] می‌بینی؟!... بالاخره آدم عقب می‌کِشه دیگه؛ چه می‌دونم ناخودآگاه، غریزی.... [کلافه] جاوید من خوابم می‌آد. نیم‌ساعت دیگه از این آتلیه هم می‌ندازن‌مون بیرون. این پروژه‌ی لعنتی رو باید فردا تحویل بدم، هنوز دو تا عکس درست‌حسابی هم نگرفتم.

جاوید — من گفتم ماجرای پارک رو بازسازی کنی؟!... اصلاً این‌همه ایده! بقیه‌ی دانشجوها چی‌کار می‌کنن؟

آرزو بذار ترم بعد که همین درس رو با همین استاد داری می‌گم به‌ت!... تازه مگه مشکل من با ایده‌ست؟

جاوید مشکلت چیه؟

آرزو [عکسی که از جاوید گرفته را نشانش می‌دهد.] خودت رو ببین. تو توی این فیگورا غافلگیری می‌بینی؟!... من می‌گم اون نور، صدا، یا هر کوفتی که بوده باید تو رو متوقف کنه، پس بزنه، نه که بری سمتش.

آرزو دوربین عکاسی را دست جاوید می‌دهد و خودش فیگور می‌گیرد.

جاوید این بیش از حد مغلوب به نظر نمی‌رسه؟ تو داری غافلگیری رو به وحشت محض تبدیل می‌کنی. حس اون لحظه فقط وحشت بود؟... اون شب ما کم نیاوردیم آرزو، از دست‌شون در رفتیم. دستِ همدیگه‌رو گرفتیم و دوییدیم. مثل دو تا خرگوشِ مست دوییدیم. از نرده‌های تهِ پارک بالا رفتیم و پریدیم توی کوچه. خزیدیم توی اون ساختمونِ نیمه‌کاره و اون‌جا...

آرزو اون‌جا چی؟

جاوید هیچی.

جاوید دوربین را به آرزو برمی‌گرداند. به بدنش فرم می‌دهد و فیگورهای دیگری می‌گیرد.

آرزو این خوبه!... تکون نخور!

جاوید آخرین فیگور را حفظ می‌کند و بی‌حرکت می‌مانَد.

آرزو [در حال عکس گرفتن از جاوید] شونه‌هات رو بده عقب‌تر!

۵

دفتر وکالت

وکیل پشت میزش نشسته و در حال ورق زدن پرونده است. گلین از روی صندلیِ روبه‌روی وکیل بلند می‌شود.

گلین دروغه!... دفاع از خود؟! دفاع از خود در برابر کی؟ اسفندیار حتی فرصت نکرده بود اسلحه‌ی خالیش رو سمتِشون نشونه بگیره؛ وقتی جسدش رو پیدا کردن، اسلحه‌ش روی دوشش بوده!...

وکیل [پرونده را می‌بندد.] با این مستندات...

گلین مستندات؟!... شما طرفِ کی هستین؟

وکیل من طرفِ تواَم گلین جان، یه وقتی عمو صِدام می‌زدی، یادت رفته؟!

گلین یادمه همیشه دستِ پُر می‌اومدین خونه‌مون. صِدام که می‌زدین و بغلِتون رو وا می‌کردین برام، همه‌ی دنیا اَمن می‌شد... از وقتی بابا مُرد دیگه نیومدین.

بغلم کن لعنتی، بغلم کن

وکیل   پس یادته!

گلین   برای همینه که اینجام، وگرنه...

وکیل   وگرنه چی؟... می‌رفتی سراغِ یه وکیلِ دیگه؟

گلین دردش می‌گیرد. می‌نشیند و دست روی شکمش می‌گذارد.

وکیل   [نگران] چی شد؟

گلین   لگد می‌زنن. [کلافه] کاش می‌دونستم کدومشونه، اسمش رو صدا می‌زدم می‌گفتم بس کن!

وکیل   اسم دارن مگه؟

گلین   قرار گذاشته بودیم اگه دختر شد اسمش رو بذاریم آرزو، اگه پسر شد امید صداش کنیم. حالا کجاست اسفندیار ببینه دوتاشون دارن می‌آن!... [خیره به پرونده‌ی روی میز وکیل، با پوزخند] اون هم با این «مستندات»!...

وکیل   تو دنبال چی هستی گلین جان؟ چی می‌خوای؟

گلین   من چیزی جز حقم نمی‌خوام.

وکیل   به حقِ اون دو تا بچه هم فکر می‌کنی؟

گلین	حقشون اینه؟ که خون باباشون پایمال بشه؟... چندوقت دیگه که بیان چی بگم بهشون؟ بگم یه روز توی تالاب، یه شکارچی اشتباهی دستش رفت روی ماشه، زد باباتون رو کشت، بعد هم طرف رو ولش کردن؟
وکیل	شکارچی؟!... یعنی تو نمی‌دونی اونا کی‌ان؟ [با صدای آهسته] سیم‌خارداری رو که دور تپه‌های اطراف تالاب کشیده‌ن ندیدی؟... اون کامیونا؟ نگهبانا؟... صداهای گرومب‌گرومبی رو که از اون‌جاها می‌آد نشنیدی؟
گلین	به من چه دارن زیر اون تپه‌ها چه غلطی می‌کنن؟!... بالاخره قتل کرده‌ن. آدم کشته‌ن. نکشته‌ن؟
وکیل	این رو که کسی منکر نشده، دادگاه هم می‌گه قتل...
گلین	غیرعمد؟!... اصلاً گور پدر دادگاه، شما چی می‌گین؟ اگه شما هم بگین غیرعمد...
وکیل	من قاضی نیستم.

گلین   اما زیروبمِ قضیه رو خوب می‌دونین، اون‌همه دروغ و تناقض که توی پرونده‌ست، اون‌همه ارعاب و تهدید،... اینا رو خودتون بهم گفتین!

وکیل   آره اما اینجا سوئیس نیست، من هم این موها رو توی آسیاب سفید نکرده‌م. تهِش همینه: یه قتلِ غیرعمده و دیه.

گلین   یعنی پولِ خونِ اسفندیار رو بگیرم بدم به بچه‌هاش؟

وکیل   من این رو نگفتم. تصمیم با خودته گلین جان، من وکیل توأم. اگه تو بخوای به حکم بدوی اعتراض می‌کنم و درخواستِ تجدیدنظر می‌دم، تا آخرش هم باهات می‌آم.

گلین   [بلند می‌شود و به طرف در می‌رود... مکثی می‌کند و برمی‌گردد؛ رو به وکیل] پس باهام بیاین، تا آخرش!

٦

خانه‌ی نهال و بامداد

پذیرایی

نهال و ماهور روی کاناپه، کنار هم نشسته‌اند.

نهال [چشم‌هایش را بسته است و جعبه‌ی کادوپیچِ کوچکی را در دست سبک‌سنگین می‌کند.] اوممم... سنگینه! [نوشته‌ی روی کادو را می‌خوانَد.] برای دیوانه‌های دوست‌داشتنی: نهال و بامداد!... [کادو را باز کرده، محتوای درون جعبه را لمس می‌کند. ذوق‌زده] چیه این؟! [مجسمه‌ی سنگی کوچک را از جعبه بیرون می‌آورد.] چه انرژی خوبی داره!... [محو مجسمه شده است.] این رو از کجا گیر آوردین؟

ماهور یه عتیقه‌فروشی توی منوچهری. فکر کردیم یه چیزی بگیریم که هم به خونه‌تون بیاد هم به مغزِ معیوب‌تون.

نهال من که دلم براش رفت؛ بامداد ببینه عاشقش می‌شه. [رو به آشپزخانه] بامداد!

صدای بامداد [از آشپزخانه] اومدیم.

نهال [خیره به مجسمه،... به ماهور] انتخاب کدوم‌تون بوده این؟

ماهور من یه قلمدون انتخاب کرده بودم، دیدم سامان این رو برداشته. نمی‌دونم از کجا پیداش کرد. خودِ عتیقه‌فروشه هم نمی‌دونست همچین تحفه‌ای داره توی مغازه‌ش.

نهال [مجسمه را وارانداز می‌کند.] حالا این چیه واقعاً؟!

ماهور سامان می‌گه قرار بوده یه اسب باشه اما گرگ شده. من که توش نه اسب دیدم، نه گرگ!

نهال تو هم چشم بازار رو کور کردی با این سامان!... چه زود هم جور شد با بامداد!

ماهور خونگرمه بچه‌م.

نهال اُ لَ لَا!... «بچه‌م»!... شما دو ماه شده با هم هستین؟

ماهور اولاً با امروز می‌شه سه ماه و یه روز، ثانیاً حالا تو و بامداد که دو ساله باهم‌اید کجا رو گرفتین مثلاً؟

نهال همین‌جا رو دیگه. خونه به این خوشگلی!... یه چهل‌متری دنج، دلباز، برِ خیابونِ انقلاب، ویو

ابدی، اتاق خواب آکوستیک، بدون نیاز به سند ازدواج، آماده‌ی بهره‌برداریِ عشاقِ مفلس!

ماهور   ناشکری نکن؛ با اون چندرغازی که تو و بامداد داشتید...

نهال   با اون پول که یه انباری هم نمی‌دادن به‌مون؛ این‌جا رو از صدقه سر بهمن داریم.

ماهور   بهمن خودش کجاست؟

نهال   بلوچستان بود. همین امروز برگشت. می‌آد این‌جا امشب.

ماهور   توی تجمع امروز ندیدمش. اومده بود؟

نهال   نه، پرواز برگشتش عصر بود. یه‌جوری می‌گی ندیدمش انگار خودت اون‌جا بودی!

ماهور   نبودم؟

نهال   قربونت برم تو که هنوز شروع‌نشده رفتی!

ماهور   حوصله نداشتم.

نهال   حوصله نداشتی یا قرار داشتی؟

ماهور   قرار نداشتم، گذاشتم. به سامان زنگ زدم بیاد دنبالم چون... چون نمی‌فهمیدم چرا باید گلوم رو جر بدم

که استخدامم کنن؟ چرا باید دست اون معلمای بدبخت‌تر از خودم رو بگیرم و شعارای بی‌خاصیت بدیم؟... به سامان زنگ زدم بیاد دنبالم چون حالم داشت از خودم به هم می‌خورد؛ داشتم بالا می‌آوردم.

نهال [بغلش می‌کند و به موهایش دست می‌کشد.] سامان که اومد آروم شدی؟

ماهور خیلی. تو خوب می‌دونی تا حالا عمر رابطه‌م با هیچ نَری بیشتر از یکی دو هفته نبوده؛ همه‌شون خیلی زود یه گافی داده‌ن. اما سامان با همه فرق داره. عاشق رفتنه فقط، از رسیدن گریزونه. توی کار، عشق، سکس، سفر، هرجا بوی مقصد به مشامش بخوره، بی‌معطلی اون موقعیت رو وِل می‌کنه می‌ره، گم می‌شه. درست مثل خودم که دوست ندارم هیچ دستی رو سفت بچسبم؛ به‌م حس حقارت می‌ده، مثل همین امروز توی تجمع بهارستان. سامان که اومد دنبالم یه باری از روی دوشم برداشته شد. یه‌کم توی خیابونا چرخیدیم و بعدش رفتیم تئاتر، باغ آلبالو.

نهال چطور بود؟

ماهور عجیب!... دلگیر!... یه‌جورایی انگار داشتم توی یه آینه‌ی شکسته نگاه می‌کردم. حس کردم دارم چیزی رو که یه عمر ازش فرار کرده‌م توی اون آینه‌ی شکسته می‌بینم.

نهال پس اینکه هرسو می‌رویم، از **خویش** رَم داریم ما![۸]

ماهور اینکه گاهی‌وقتا مقصد از تو فرار می‌کنه، نه تو از مقصد؛ درست مثل رانِوْسکی.

نهال بازی گیلدا خوب بود؟

ماهور عالی!... خودِ مادام رانِوْسکی بود. همون‌قدر آشفته، همون‌قدر بی‌پناه... لحظه‌ای که باغ رو از دست داد، یه چیزی توی صورتش شکست.

نهال ما قراره هفته‌ی دیگه بریم اجرای آخرشون رو هم ببینیم. می‌خوام ببینم گیلدا بعدِ یه ماه چقدر خودش رو پیدا کرده توی نقش.

ماهور امشب که معرکه بود،... برعکسِ اونی که نقشِ دخترش رو بازی می‌کرد.

نهال نقشِ... واریا؟!

---

[۸] بیدل دهلوی: گر به خود سازد کسی سیر و سفر در کار نیست / اینکه هرسو می‌رویم از خویش رم داریم ما

ماهور	دخترخونده‌ش نه، دخترش،... آنیا. بازیگره نمی‌تونست پابه‌پای گیلدا بیاد. به نظرم رانوْسکی که داشت فرومی‌ریخت، دختره یا باید نجاتش می‌داد یا یه‌جوری سقوط مادره رو هولناک‌تر می‌کرد. اما اونی که آنیا رو بازی می‌کرد نه می‌تونست غرق‌ترش کنه، نه به دادش برسه؛ فقط ناظر بود!

نهال	سامان چی فکر می‌کرد؟

ماهور	برعکسِ من. می‌گه دختره محشر بود. می‌گه مادره باید یه لحظه‌هایی شکست خودش رو توی چشمِ دخترش می‌دید، ولی بازیِ گیلدا اون‌قدر توفانی بود که آنیا رو می‌بلعید؛ به‌ش فرصتِ دیده شدن نمی‌داد. یه توفانِ کامل که سرمی‌رسید و همه‌چیز رو توی خودش محو می‌کرد...

علی فومنی

آشپزخانه

بامداد مشغول دم کردن چای است و سامان کنارش ایستاده است.

سامان: ... یه طوفانِ کامل که همه‌چیز رو توی خودش محو می‌کرد.

بامداد: من و نهال هفته‌ی دیگه می‌ریم اجرای آخرشون رو هم ببینیم. می‌خوام ببینم گیلدا بعدِ یه ماه چقدر نقش رو پیدا کرده توی خودش.

سامان: فقط یه ماه؟! چه حیف!... اگه توی کانادا بود حالاحالاها باید اجرا می‌شد این کار.

بامداد: این‌جا همینه دیگه؛ چند ماه جون می‌کنن واسه‌ی چند شب اجرا، چه می‌دونم دو هفته، سه هفته، شانس بیارن یه ماه. این کارشون البته دعوت شده فرانسه؛ همین که پرونده‌ش بسته نمی‌شه غنیمته. گیلدا که خیلی حالش خوبه با این خبر.

سامان: گیلدا!... هرچی اسم شما دو تا داداشا به هم می‌آد، اسم خواهرتون دوره از شماها. بامداد و بهمن، یه جنس، یه حال‌وهوا،... بعد یه‌دفعه گیلدا!... فرسنگ‌ها دور!

بامداد فقط اسمش نیست، خودش هم توی یه دنیای دیگه‌ست. من و بهمن راه مامان و بابا رو رفتیم، اون از معلمی متنفره.

سامان تو و بهمن هم همچین معلمای سربه‌راهی نشدین!

بامداد به‌هرحال ما پشت تخته‌سیاه قایم شدیم، گیلدا رفت زیر نور، بی‌واسطه، رو در رو... خلاصه هیچی‌مون به هم نمی‌آد اما به‌طرز عجیبی جوریم با هم.

سامان آدما همینن: خیلی نزدیک، خیلی دور. همین من و اکسِم توی مونترال، هیچی‌مون به هم نمی‌اومد، اما کاپِل خوبی بودیم، پرفکت!... دو سال باهاش بودم. ماه بود، ماه!... از اونا که فقط تو قصه‌هان، از هر نظر بی‌نقص. دو سال روی ابرا بودم باهاش. شبِ سالگرد آشنایی‌مون، کولاک کردیم. صبح که چشم واکردم دیدم مثل یه قوی سفید توی بغلم خوابیده. پا شدم دوش گرفتم. قهوه‌م رو خوردم. رفتم اولدپورت.[9] گوشی‌م رو پرت کردم توی رودخونه‌ی سن‌لوران[10] و از اون‌جا یه‌راست رفتم فرودگاه؛ برگشتم ایران.

---

[9] Old Port of Montreal
[10] St. Lawrence River

صدای نهال	[از پذیرایی] بامداد!
بامداد	[بلند، به نهال] اومدیم... [به سامان] چرا برگشتی؟

پذیرایی

سامان	با فرودگاه تماس گرفتین؟
نهال	چِک کردن، اسمش توی لیست پرواز امروز نبود!
ماهور	[به بامداد] تو آخرین بار کِی با بهمن حرف زدی؟
بامداد	هفته‌ی پیش، همون روزی که رسوندمش فرودگاه.
ماهور	[به بامداد و نهال] اون‌جا که بود تماسی باهاش نداشتین؟
نهال	اون‌جا موبایل آنتن نمی‌ده، راه ارتباطی دیگه‌ای هم نیست.
سامان	مگه کجا رفته بود؟
بامداد	یه جایی اطراف سراوان. گفت توی مسیرِ برگشتن تماس می‌گیره خودش،... که نگرفت!
سامان	[به بامداد] تو مطمئنی رفته دیگه؟!
بامداد	چی می‌خوای بگی؟

سامان — می‌گم یعنی خودت دیدی سوار هواپیمای زاهدان بشه؟

بامداد — نه، من فقط رسوندمش فرودگاه... [در حال چک کردن موبایلش] اما پروازش که نشست زاهدان خبر داد خودش... ایناهاش!... [موبالش را به ماهور داده، پیامک بهمن را نشانش می‌دهد.]

ماهور — [در حال خواندن پیامک بهمن] پروازِ رفت چه ساعتی بوده؟

بامداد — نُه و چهل دقیقه‌ی صبح!... خودم بلیت گرفتم براش.

ماهور — یعنی پروازِ تهران-زاهدان پنجاه دقیقه‌ست؟!

نهال — منظورت چیه؟

ماهور — پیامک بهمن ساعت دَه و نیم صبح رسیده نهال، یعنی پنجاه دقیقه بعدِ پرواز!

بامداد — [موبایلش را از ماهور می‌گیرد و نگاهی به پیامک بهمن می‌اندازد... در فکر] اون روز من از فرودگاه مستقیم برگشتم مدرسه. سرِ کلاس بودم،... پیامکش رو دیرتر دیدم.

سامان مجسمه را برمی‌دارد و به آن خیره می‌شود... صدای شیهه‌ی اسبی در اتاق می‌پیچید و رفته‌رفته به زوزه‌ی یک گرگ تبدیل می‌شود.

۷

خانه‌ی گیلدا

رامش آماده‌ی رفتن است. گیلدا پشت پنجره ایستاده است و از لای پرده بیرون را می‌پاید.

رامش	امنه بیرون؟... می‌شه رفت؟

گیلدا	آره،... نه،... نمی‌دونم!

رامش	اینا چی می‌خوان از جون تو؟ چرا دست از سرت برنمی‌دارن؟

گیلدا	قبلاً هوا که تاریک می‌شد گورشون رو گم می‌کردن. از وقتی حکم بهمن اومده، شبا هم هستن.

رامش	الآن چی؟

گیلدا	نه، نمی‌بینم‌شون. رفته‌ن انگار. [به‌طرف رامش می‌رود و دستش را می‌گیرد.] بالاخره کار خودت رو کردی؟ هرچی گفتم نیا این‌جا به گوشِت نرفت که نرفت.

رامش	نمی‌شد. باید می‌دیدمت قبلِ رفتن. یه چیزی از مادام رانِوْسکی پیشت جا مونده بود، یه چیزی توی

بغلم کن لعنتی، بغلم کن

نگاهش، توی لبخندش، توی اندوهش کم بود که فقط با دیدن تو برمی‌گشت.

گیلدا   [گوشواره‌هایش را که دو آلبالو هستند از گوش درمی‌آورد.] پروازتون ساعت چنده؟

رامش   پنجِ صبح.

گیلدا   [گوشواره‌ها را به رامش می‌دهد.] بیا، مال تو!

رامش   [ناباورانه گوشواره‌ها را از او می‌گیرد.] واقعاً؟!... چطور تونستی دل بکنی از اینا؟!

گیلدا   گوشِت کن!

رامش   [ذوق‌زده، گوشواره‌ها را گوشش می‌کند.] باورم نمی‌شه داری اینا رو می‌دی بهم!

گیلدا   [وراندازش می‌کند؛ با لبخند] چه بهت می‌آد!

رامش   [گیلدا را محکم و طولانی بغل می‌کند. آهسته در گوشِ گیلدا] من دارم می‌رم که برم. برنمی‌گردم. پام برسه اونجا با هرکی بشه مصاحبه می‌کنم؛ از بلاهایی که سرت آوردن می‌گم، از وضع بهمن، از این جهنم.

علی فومنی

۸

جنگل

آرزو و جاوید نیمه‌شب از جنگلی مه‌آلود می‌گذرند.

آرزو   [خسته، بند کوله‌پشتی‌اش را روی شانه جابه‌جا می‌کند.] تو مطمئنی این راه به تالاب می‌رسه؟

جاوید   آره، اون دفعه هم از همین راه اومدم... یه مسیرِ فرعی هم هست که نزدیک‌تره، ولی خیلی افتضاحه؛ این‌یکی بهتره.

آرزو سری تکان می‌دهد و پشت سر جاوید می‌رود؛ اما ناگهان مکث می‌کند و به کنارِ جاده زل می‌زند.

جاوید   [برمی‌گردد.] چی شده؟

آرزو   [گوش تیز می‌کند.] می‌شنوی؟

جاوید   [متعجب] نه!

آرزو   خوب گوش کن!

جاوید   [گوش تیز می‌کند.]... من چیزی نمی‌شنوم.

بغلم کن لعنتی، بغلم کن

آرزو   جاوید قسم می‌خورم یه چیزی اون‌جاست!

جاوید   [شانه بالا می‌اندازد و به راهش ادامه می‌دهد.] بیا بریم، نمی‌خوام لحظه‌ی طلوع رو از دست بدم.

آرزو با تردید نگاهی به درختان و بوته‌های خاموش کنار جاده می‌اندازد، نفس عمیقی می‌کشد و قدم‌هایش را تندتر می‌کند تا به جاوید برسد؛ اما هنوز چند قدم نرفته، دوباره می‌ایستد و بازوی جاوید را می‌کشد.

آرزو   شنیدی؟

جاوید می‌ایستد، به اطراف نگاه می‌کند و ابرو بالا می‌اندازد.

آرزو   چطور نمی‌شنوی؟

جاوید   نمی‌شنوم چون چیزی نیست. [و به راهش ادامه می‌دهد.] می‌گن اگه به تاریکی زل بزنی، مغزت یه چیزایی از توش درمی‌آره به‌خوردت می‌ده.

آرزو   [مردّد راه می‌افتد.] چی مثلاً؟

جاوید   مثلاً همین صداهایی که می‌شنوی.

آرزو   [می‌ایستد.] یعنی...؟

جاوید   [کلافه] یعنی جون مادرت راه بیفت آرزو! من باید این پروژه‌ی لعنتی رو فردا تحویل بدم.

آرزو	به من چه؟! مگه من گفتم طلوع تالاب رو انتخاب کنی؟!... اصلاً این‌همه سوژه؛ بقیه‌ی دانشجوها چی‌کار می‌کنن؟
جاوید	تو نگفتی می‌خوای اون درنا رو ببینی؟
آرزو	[با اکراه راه می‌افتد.] گفتم، اما نه این‌جوری، هول‌هولکی، نصفه‌شب راه بیفتیم توی جنگل... [ناگهان می‌ایستد.] اصلاً این ماجرای زل زدن به تاریکی و مغز و اینا رو از کجات درآوردی؟
جاوید	از خواهرم شنیدم. ماهور می‌گه چون توی تاریکی اطلاعات بصری به مغزت نمی‌رسه، مغز برای جبرانش روی حواس دیگه‌ت تمرکز می‌کنه. خلاصه‌ش اینکه به تاریکی زل نزن، چون مغز سرِکارت می‌ذاره!
آرزو	چه خوب!
جاوید	کجاش خوبه این؟
آرزو	یادته پریشب کِی رسیدی تهران؟
جاوید	همون ساعتی که بهت پیام دادم، دوازده بود گمونم!... چطور؟

آرزو دوازده‌ونیم بود. نوشتی **من رسیدم. می‌رم خوابگاه، قرارمون فردا ظهر، ساعت یک، جلوی دانشگاه...** نوشتم **چی؟**... پاکش کردم. نوشتم **نه!**... پاکش کردم. نوشتم **می‌ری خوابگاه؟!**... پاکش کردم. نوشتم **توله‌سگ، من از صبح که تو از مشهد راه افتادی دارم له‌له می‌زنم بغلت کنم!**... اومدم پاکش کنم که ایموجیِ همیشگی‌ت رسید...

جاوید [با لبخند] بوس و بغل!

آرزو من گوشی رو خاموش کردم. زل زدم به تاریکی. چون هیچ اطلاعات بصری به مغزم نمی‌رسید، مغز برای جبرانش روی حواس دیگه‌م تمرکز کرد!... بوی تنت پیچید توی اتاق. کشوندمت روی تخت، باهات خوابیدم... واقعاً باهات خوابیدم.

علی فومنی

۹

دادگاه

اسفندیار در راهروی شلوغ دادگاه به دیواری تکیه داده است. گلین به راهرو می‌آید و او را می‌بیند.

گلین	چرا این‌جا وایستادی؟
اسفندیار	[خیره به جایی نامعلوم] حکم رو صادر کردن؟
گلین	تنفس دادهن. چند دقیقه دیگه باید برگردیم برای قرائت حکم... به چی نگاه می‌کنی؟
اسفندیار	تو هم می‌بینی‌ش؟
گلین	زنه رو می‌گی؟
اسفندیار	نه، اون بچه‌ای که پشتش قایم شده... [رو به گلین، با حسرت] دوقلوهامون بزرگ شدن؟
گلین	نه خیلی،... جوجه‌ن هنوز. چرا نمی‌آی ببینی‌شون؟
اسفندیار	دلم براشون یه ذره شده، اما می‌بینی که، نمی‌تونم چشم از تالاب بردارم.

بغلم کن لعنتی، بغلم کن

گلین تو که دیگه اون‌جا نیستی. تو رو توی آرامگاهِ بالادِه دفن کردیم، کنارِ پدر و مادرت.

اسفندیار پس همینه که تالاب رو محو می‌بینم!... نمی‌شه من رو ببرین اون‌جا؟

گلین چی رو می‌خوای ببینی؟

محضر

ماهور، نهال و بامداد در اتاق انتظار یک دفتر ازدواج نشسته‌اند.

بامداد سامان دیر نکرده؟

ماهور چه می‌دونم... می‌آد دیگه!

نهال عروس این‌قدر بداخلاق؟!

ماهور [به بامداد] تو هم مثل نهال قرارِ ناهار امروز رو یادت نبود؟

بامداد به‌ت قول می‌دم تا تو و سامان برسید سفره‌خونه، ما هم رسیدیم.

نهال	آره، همین که شما یه چایی بخورید و یه‌کم با هم خلوت کنید...
ماهور	خلوت کنیم نهال؟ از این خلوت‌تر؟ اصلاً کسی رو خبر کردیم جز شما دو تا؟
بامداد	من که می‌گم هنوزم دیر نشده، کاش به خونواده‌ها می‌گفتین لااقل...
ماهور	بامداد تو رو خدا شروع نکن! می‌شه یه امروز رو معلم نباشی؟
بامداد	به‌هرحال ما که الآن توی محضریم. بعدِ عقد هم تا شما برین سفره‌خونه و سفارش ناهار رو بدین ما هم خودمون رو می‌رسونیم. عروسی که نمی‌گیرین، خیال کردی ما به همین راحتی از ناهار عقد می‌گذریم؟
ماهور	آخه چطوری؟... سرِ ظهر، توی اون ترافیک، تا از اوین برسین سیِ تیر...
نهال	ماشین رو می‌ذاریم همون‌جا، با بی‌آرتی می‌آیم.
ماهور	حالا نمی‌شد شما یه امروز رو نرید جلوی زندان؟ سه‌شنبه‌های نه به اعدام منحل می‌شد؟

بغلم کن لعنتی، بغلم کن

نهال   ماهور جان، بهمن رو بردهن انفرادی... [کنایه‌آمیز] نمی‌دونی یعنی چی؟!...

بامداد   ای بابا، ول کنین این حرفا رو. ناسلامتی اومدیم شاهد عقد باشیم‌ها!...

بامداد از موبایلش موزیک پخش می‌کند؛ می‌رقصد و نهال را هم با خود همراه می‌کند. ماهور لبخند تلخی می‌زند.

فرودگاه

رامش در صف طولانی کنترل گذرنامه ایستاده است. گیلدا از دور برایش دست تکان می‌دهد و به طرفش می‌رود.

گیلدا   چه شلوغه این‌جا!... چه صفی!

رامش   گندش بزنن. مسافرای همه‌ی پروازها باید توی همین یه صف وایستن.

گیلدا   تو چرا تهِ صفی؟ چرا پیش بقیه‌ی بچه‌ها نیستی؟

رامش   خفه کردن خودشون رو با عکس و استوری. نمی‌خوام توی عکسایی باشم که تو توشون نیستی.

گیلدا اما من که هستم. همین‌جام، پیشت. تو داری من رو هم با خودت می‌بری.

رامش [با بغض] بگو. به‌م دروغ بگو.

گیلدا [بغلش می‌کند.] آنیای من! دختر کوچولوی قشنگم!... تو چه‌ت شده؟

رامش از اون شب که اومدم پیشت از آنیا دور و دورتر شدم؛ بوی مادام رانِوْسکی گرفتم. حالا دیگه با خودم هم که حرف می‌زنم صدای مادام رانِوْسکی توی سرم می‌پیچه... **خداحافظ ای خونه‌ی عزیز، ای خونه‌ی قشنگ اجدادی!... زمستون می‌گذره و بهار می‌آد اما تو دیگه نیستی، خرابت می‌کنن. چه چیزا که دیوارای تو دیده‌ن!...**

گیلدا **اما تو می‌درخشی. چشمات مثل دو تا الماس برق می‌زنن. خوشحالی؟ خیلی؟**

رامش **خیلی مادر، خیلی!... زندگی تازه‌ای داره شروع می‌شه.**

گیلدا [با بغض] **اما من همیشه منتظرِ چیزی هستم، انگار منتظرم خونه روی سرمون خراب بشه!**

رامش **باغ آلبالو فروخته شده؛ دیگه مال ما نیست. این حقیقت داره مادر.**

گیلدا **حقیقت؟... آره، تو می‌تونی این رو بگی چون داری حقیقت رو می‌بینی؛ من انگار کور شده‌م، هیچی نمی‌بینم. تو جوونی، نترسی، از من شجاع‌تری. اما یه‌کم بهِم حق بده.** [اشک می‌ریزد.] **من بدون باغ آلبالو می‌میرم.**

رامش **مادر، مادر قشنگم! داری گریه می‌کنی؟... آروم بگیر. زندگیِ تو که تموم نشده. ما یه باغ آلبالوی تازه می‌کاریم، یه باغِ قشنگ‌تر. حالا می‌بینی.**

تالاب

آرزو بر تپه‌ای کنار تالاب نشسته و جاوید در قایقی دور از تالاب.

آرزو سه روزه این‌جاییم؛ کِی می‌آد پس؟

جاوید [با دوربین به تالاب نگاه می‌کند.] مرغابی.. غاز... خوتکا... حواصیل... اینم عقاب دریایی دُم‌سفید!

آرزو با توأم، کِی می‌آد این امید؟

جاوید	می‌آد. [نگاهی با دوربین به دیگرسو] گیلار... قو... بوتیمار... طاووسک... سینه‌سرخ... اینم کلاغ اَبلَق!

آرزو	می‌گم شاید دیگه کم آورده، این‌همه راه، از سیبری تا این‌جا، تنها...

جاوید	می‌آد. پونزده ساله داره می‌آد، همین راه رو، از سیبری تا این‌جا، تنها!... تو چرا رُک و پوست‌کنده حرفت رو نمی‌زنی؟

آرزو	چه فرقی به حال تو می‌کنه؟ تو که دیگه این‌جا نیستی!

جاوید	آره، اما تالاب رو از این‌جا هم می‌شه دید.

آرزو	از اون‌جا فقط تالاب رو می‌شه دید؟

جاوید	چِه‌ت شده تو؟! ما حرف زدیم!

آرزو	ما حرف نزدیم، تو حرف زدی.

جاوید	مگه فقط منم آرزو؟ توی همین قایق هفتاد و نُه نفر دیگه هم جز من هستن؛ زن، مرد، پیر، جوون، بچه... می‌دونی سالی چند نفر دارن از همین راه می‌رن اروپا؟

بغلم کن لعنتی، بغلم کن

آرزو　سالی چندتاشون غرق می‌شن؟

جاوید　ما اون‌جا غرق می‌شیم آرزو، نه توی مدیترانه!

دادگاه

همان راهرو (ادامه)

وکیل　کجا غیبت زد؟

گلین　مگه تموم نشد؟

وکیل　آخه کی وسط قرائتِ حکم پا می‌شه می‌ره گلین جان؟!... [از کیفش چند کاغذ بیرون می‌آوَرَد.] همون حکم قبلی تأیید شد، غیرعمد و دیه؛ البته چون قتل توی ماه حرام بوده، مبلغِ دیه... [گلین به‌طرف در خروجی می‌رود.]

وکیل　کجا می‌ری؟... ماشین بیرونه، می‌رسونمت خونه.

گلین　خونه نمی‌رم،... می‌رم پیش اسفندیار.

وکیل　خب می‌برمت بالادهِ، آرامگاه.

گلین　آرامگاه نمی‌رم،... می‌رم تالاب.

محضر

همان اتاق انتظار (ادامه)

بامداد [در حال زنگ زدن به سامان، رو به ماهور] شماره‌ی دیگه‌ای ازش نداری؟

ماهور [در خود] اون نمی‌آد.

نهال یعنی چی؟!... [به بامداد] بازم بگیرش.

بامداد موبایلش خاموشه.

نهال [به ماهور] شاید اتفاقی براش افتاده باشه....

ماهور [مغموم و مطمئن] هیچ اتفاقی نیفتاده. فقط رفته. همین.

بامداد کجا؟

ماهور [بی‌رمق] لابد یه جایی شبیه اولدپورت. حتماً گوشی‌ش رو پرت کرده توی یه رودخونه‌ای شبیه سن لوران و از اون‌جا مستقیم رفته فرودگاه... نهال! حالم بَده. [نهال دستش را می‌گیرد و او دست نهال را محکم می‌چسبد.] بریم.

بغلم کن لعنتی، بغلم کن

فرودگاه

همان صف (ادامه)

گیلدا   چرا نمی‌ری جلو؟ نوبت توئه.

رامش   نمی‌دونم چه مرگم شده. [عرق پیشانی‌اش را پاک می‌کند.] سرم گیج می‌ره.

گیلدا   آروم باش. یه نفس عمیق بکش.

رامش چشم می‌بندد و نفس عمیقی می‌کشد.

گیلدا   برو، داره صدات می‌زنه.

رامش جلو می‌رود. روبه‌روی باجه روسری‌اش را مرتب می‌کند و پاسپورتش را به افسر کنترل گذرنامه می‌دهد.

افسر   کارت پرواز، قبض خروجی!

رامش کارت پرواز و قبض عوارض خروج از کشور را به افسر می‌دهد.

گیلدا   داره نگات می‌کنه، لبخند بزن.

رامش به افسر لبخند می‌زند.

افسر   شما ممنوع‌الخروجی!

رامش نمی‌تواند حرف بزند و ناباورانه به افسر خیره مانده است.

افسر — برید اون‌جا، پیش اون خانوم. به‌تون توضیح می‌دن.

رامش — [حیران، با نگاهی به اطراف] ... کجا؟... کدوم خانوم؟!

صدای گیلدا — **نگاه کن آنیا! نگاه کن!... این مادرِ توست که دارد توی باغ قدم می‌زند، لباس سفید پوشیده است.** [از خوشحالی می‌خندد.] **خودش است!**

صدای رامش — **نه مادر!... هیچ‌کس آن‌جا نیست. تو فقط خیال کردی. دستِ راست، نرسیده به آلاچیق، درخت سیاهی خم شده و از دور به شکل زنی به نظر می‌آید.**

تالاب

همان تپه (ادامه)

صدای جاوید — غاز پیشونی‌سفید، اردک بلوطی، کاکایی سرسیاه،... اینم قوی فریادکشِ!

آرزو — [با دوربین تالاب را نگاه می‌کند.] تو کجایی؟

صدای جاوید خوتکای ابروسفید، چنگر نوک‌سرخ، دُم‌جنبونکِ زرد،... اینم زردپَره‌ی تالابی!

آرزو [نگاهی با دوربین به دیگرسو] کجایی تو؟

صدای جاوید حواصیل شب، کبوتر جنگلی، سار، باکلان،... اینم گنجشک سینه‌سیاه!

آرزو [نگاهی با دوربین به دیگرسو] کجایی؟

صدای جاوید روی آب... جز من هفتاد و نُه نفر دیگه هم هستن؛ زن، مرد، پیر، جوون، بچه...

آرزو آها، دارم می‌بینمت.

صدای جاوید فردا گارد ساحلی یونان دو تا لیست منتشر می‌کنه: پنجاه نفر مفقود و بیست‌ونه نفر نجات‌یافته. اسمم رو توی هیچ‌کدوم از دو تا لیست پیدا نمی‌کنم. من کجام آرزو؟!

آرزو سینه‌ی تالاب رو می‌شکافی و می‌زنی بیرون،... لُختِ لُخت!

صدای جاوید من کجام؟

آرزو   دستات دراز می‌شن، می‌رسن به‌م. با نوک انگشتات گونه‌هام رو لمس می‌کنی.

صدای جاوید   من کجام؟

آرزو   روزنای پوستم باز می‌شه. لاله‌ی گوشم گُر می‌گیره. می‌گم: بغلم کن لعنتی، بغلم کن!

درباره‌ی نویسنده

علی فومنی، شاعر، نویسنده و کارگردان تئاتر است. شعرها و داستان‌های کوتاه او در نشریات ادبی دهه‌ی هفتاد و هشتاد ایران به چاپ رسیدند و نخستین کتاب شعرش در سال ۱۳۹۲ توسط نشر نوگام در لندن منتشر شد. برخی از نمایش‌نامه‌های او توسط کارگردانان ایرانی اجرا شده‌اند اما هیچ‌یک از آثارش در ایران امکان انتشار نیافته‌اند. او تاکنون نمایش‌نامه‌هایی از خودش و نیز آثاری از آنتون چخوف، هارولد پینتر، تنسی ویلیامز و ساموئل بکت را در ایران، امارات، کانادا و امریکا به صحنه برده است. علی فومنی، در کنار نوشتن و کارگردانی، بیش از دو دهه در زمینه‌ی آموزش فعالیت داشته و علاوه‌بر طراحی آموزشی و آموزشگریِ ادبیات، علوم اجتماعی و هنرهای نمایشی، دَه‌ها دوره و کارگاه آموزشی را برای هنرجویان، دانشجویان و آموزشگران در ایران و کشورهای دیگر برگزار کرده است .

انتشارات آسمانا پیش از این، نمایش‌نامه‌های «درنای سیبری» و «یوسف، یوزف، جوزپه» را از همین نویسنده منتشر کرده است.

انتشارات آسمانا (تورنتو) منتشر کرده است:

پژوهش‌های علمی و دانشگاهی

- *Music on the Borderland: Remembering and Chronicling the 1979 Revolution's Shadow on Iranian Music*, by K. Emami, 2024.
- *Whispers of Oasis: Likoo's Poetic Mirage*, by M. Ganjavi, A. Fatemi and M. Alimouradi, 2024
- *زبان، انسان و جامعه: ادبیات و زبان‌های اقلیت در ایران.* ویرایش امیر کلان، مهدی گنجوی، آنیسا جعفری، و لاله جوانشیر، ۲۰۲۴
- *تنگلوشای هزار خیال: جستارهایی در ادب و فرهنگ*، رضا فرخفال، ۲۰۲۴
- *دلالت‌های تحلیل طبقاتی در سرمایه‌داری امپریالیستی*، محمد حاجی‌نیا و شهرزاد مجاب، ۲۰۲٤
- *شبِ سیاه و مرغان خاکسترنشین؛ شعر نیما در دهه‌ی دوم:* ۱۳۲۱ ـ ۱۳۱۱، ۲۰۲٤
- *حافظ و بازگویی*، تالیف رضا فرخفال، ۲۰۲٤
- *زنان کُرد در بطن تضاد تاریخی فمینیسم و ناسیونالیسم*، تالیف شهرزاد مجاب، ۲۰۲۳
- *شورش دهقانان مکریان ۱۳۳۲ ـ ۱۳۳۱ : اسناد کنسولگری، مکاتبات دیپلماتیک و گزارش روزنامه‌ها*، پژوهش امیر حسن‌پور، ۲۰۲۲

تصحیح انتقادی

- *تاریخ شانژمان‌های ایران*، تالیف میرزا آقاخان کرمانی (به کوشش م. رضایی تازیک)، ۲۰۲٤
- رستم در قرن بیست‌ودوم (تصحیح انتقادی و مصور)، تالیف عبدالحسین صنعتی‌زاده (ویرایش م. گنجوی و م. منصوری)، ۲۰۱۷

شعر

- *Shape of Extinction, poetry of Bijan Jalali*, Translated by Adeeba Shahid Talukder and Aria Fani

- *خمار صدشبه*، شعر از منصور نوربخش، ۲۰۲۵.
- دفتر *الحان*، شعر از امیر حکیمی، ۲۰۲٤.
- *با سایه‌هایم مرا آفریده‌ام*، شعر ازهادی ابراهیمی رودبارکی، ۲۰۲٤
- *شهروندان شهریور*، غزل از سعید رضادوست، ۲۰۲٤
- *آینه را بشکن*، شعر از نانائو ساکاکی، ترجمه مهدی گنجوی، ۲۰۲٤
- عجایب *یاد*، شعر از امیر حکیمی، ۲۰۲۳
- *کهکشان خاطره‌ای از غروب خورشید ندارد*، شعر از مهدی گنجوی، ۲۰۲۳
- *غریبه‌هایی که در من زندگی می‌کنند*، شعر از مهدی گنجوی، ۲۰۲۱
- تبعیدی *راکی*، شعر از علی فتح‌اللهی، ۲۰۱۸

داستان

- *An Iranian Odyssey,* a novel by Rana Soleimani, 2025.

- *فرار از مجتمع دخترانه*، رمان از محبوبه موسوی، ۲۰۲۵.
- مستیم و *خرابیم وکسی شاهد ما نیست*، رمان از مهدی گنجوی، ۲۰۲۵.
- *اسباب* شر، رمان از جواد علوی، ۲۰۲۵.
- جلوی *خانه ما یکی مرده بود*، مجموعه داستان از اکبر فلاح‌زاده، ۲۰۲٤
- زینت، رمان از وحید ضرابی‌نسب، ۲۰۲٤
- *فیل‌ها به جلگه رسیدند*، رمان از کاوه اویسی، ۲۰۲٤
- *مقامات متن*، رمان از مرضیه ستوده، ۲۰۲٤
- *انتظار خواب از یک آدم نامعقول*، مجموعه داستان از مهدی گنجوی، ۲۰۲۰

نمایش‌نامه

- *درنای سیبری*، نمایش‌نامه از علی فومنی، ۲۰۲٤
- *یوسف، یوزف، جوزپه*، نمایش‌نامه از علی فومنی، ۲۰۲۵

برای ارتباط با نشر آسمانا:

asemanabooks.ca

Hold Me, Damn It, Just Hold Me!

The Siberian Crane - Second Take

Ali Foumani

Asemana Books

2025

----------------------------------Asemana Books----------------------------